Avontuur voor peuter en kl

Betty Sluyzer

Hoera, vakantie!

Tekeningen van Thé Tjong-Khing

Zwijsen thuis

Avontuur voor peuter en kleuter

NUR 272

Vormgeving: De Witlofcompagnie, Antwerpen

0 1 2 3 4 5 / 07 06 05 04

ISBN 90.276.7704.2

Voor België: Zwijsen-Infoboek, Meerhout
D/2004/1919/224

Op vakantie

Papa en mama Big zitten boven op een koffer.
'Wat zijn jullie aan het doen?' vraagt Bikkeltje.
Papa Big kijkt op en zegt: 'We proberen de koffer dicht te krijgen. Dat is een beetje moeilijk, want eigenlijk is de koffer veel te vol.'
'Zal ik helpen?' vraagt Bikkeltje.
'Ja, graag,' zegt papa. 'Kom er maar even op staan.'
Bikkeltje klimt op de koffer.
En ja hoor ... Klik, klik. Het lukt.
Papa Big staat op en zegt: 'Ik zet de vakantiebagage vast in de achterbak van de auto.'
Bikkeltje kijkt hem na.
'Mama, wat is *fakatsiebagagaga*?' vraagt hij dan.
Mama begint te lachen. 'Wat zeg je nou? O, ik begrijp het al. Je bedoelt: wat is *vakantiebagage*? Nou, *bagage,* dat is alles wat je meeneemt als je op vakantie gaat. En *op vakantie gaan*, dat betekent dat we weggaan. Ver weg. Heel ver weg van huis om leuke dingen te doen.'
'Wat voor leuke dingen gaan we op vakantie doen?' vraagt Bikkeltje.
'We gaan in de auto en naar het strand en schelpen zoeken en naar het bos en fietsen en ijsjes eten ...'
'Is dat allemaal op vakantie?' vraagt Bikkeltje.
'Ja,' zegt mama Big. 'Leuk hè?'
Bikkeltje knikt.
'Weet je wat?' zegt mama Big. 'Wil jij zelf ook een koffertje met spullen meenemen?'
Bikkeltje knikt weer en rent naar zijn eigen kamertje.

Papa en mama Big zijn klaar met opruimen en inpakken.
'Roep jij Bikkeltje even?' vraagt mama Big aan papa Big.
'Hij is op z'n kamertje een eigen koffer aan het inpakken.'
Papa Big duwt Bikkeltjes kamerdeur open. 'Ik zie geen Bikkeltje en geen koffertje. Bikkeltje, zit je soms onder je bed?'

Er komt geen antwoord.
Papa en mama Big doorzoeken het hele huis.
'Bikkeltje, waar ben je nou?' roept mama Big. 'Je wilde toch graag mee op vakantie? We gaan allemaal leuke dingen doen. We gaan ijsjes eten en in de auto ...'
'In de auto?' vraagt papa. 'Zou hij soms al in de auto zijn?'
Papa en mama Big lopen snel naar buiten.
Bikkeltje zit niet op de achterbank. En ook niet achter het stuur. Maar dan doet papa Big de achterklep open.
En daar ligt Bikkeltje Big. Op de grote koffer, naast zijn eigen koffertje.
'Zijn we al ver weg?' vraagt Bikkeltje.
Papa Big tilt Bikkeltje uit de kofferbak en zet hem op de achterbank.

‘Gekke Bikkel,’ zegt papa Big. ‘Waarom was je achterin geklommen?’
‘Nou, omdat ik bagage ben. Want bagage is alles wat je meeneemt op vakantie. En ik ga toch ook mee? En bagage moet achterin, dus ...’
En dan rijdt de familie Big eindelijk weg.
‘Hiela hoelahoi!’ roept Bikkeltje Big. ‘Wij gaan op vakantie!’

De wolf

Bikkeltje Big zit in de auto. 'Hiela hoelahoi,' zingt hij. 'Wij gaan op vakantie. Wij gaan heel ver weg.'
Papa Big zegt: 'Heel ver weg, naar een huisje in het bos.'
'Oooh, wat leuk,' zegt Bikkeltje. 'Net als Roodkapje. Want die woonde ook in een huisje in het bos, hè, papa?'
'Ja,' zegt papa Big. 'Zal ik je nog een keer vertellen van Roodkapje en de wolf? Op een dag zei de mama van Roodkapje: "Roodkapje, oma is ziek. Je weet waar oma woont. Wil jij haar dit mandje met lekkers brengen? Maar loop zo snel als je kunt over de weg, want de grote wolf is ook in het bos." Roodkapje ging op weg. Eerst holde ze, zo snel ze kon, over de weg. Maar toen zag ze mooie bloemetjes voor oma in het bos staan. En die ging Roodkapje plukken. Ze ging steeds dieper het bos in.'
'Dat was dom,' zegt Bikkeltje.
'Ja, dat was heel dom,' zegt papa Big, 'want ineens kwam de grote wolf achter een boom vandaan. "Wat ben jij aan het doen?" vroeg de wolf. "Ik pluk bloemetjes voor mijn oma," zei Roodkapje, "want die is ziek en ik ga dit mandje naar haar toe brengen. Er zitten koekjes in. En daar heeft mijn oma vast wel trek in." De wolf dacht: weet je waar ik trek in heb? In koekjes en in een lekker omaatje.'

Papa Big vertelt en vertelt en dan ineens zet mama Big de auto stil. 'We zijn er. Uitstappen allemaal.'
Papa Big maakt nog even snel het verhaal af. 'Nou en dan eet de wolf oma en Roodkapje op en dan valt hij in slaap en hij snurkt heel hard, maar gelukkig vindt de jager de wolf en die haalt Roodkapje en oma uit de buik van de wolf en dan is alles weer goed.'
Papa Big stapt uit de auto, haalt een sleutel uit zijn zak en doet de deur van het huisje open.
Bikkeltje rent naar binnen. 'Ik wil hier slapen, hier, in dit grote bed. Dat vind ik leuk.'

Maar als Bikkeltje 's avonds in dat hele grote bed ligt, kan hij niet slapen.
Hij hoort een gek geluid.
Snurk, snurk, snuuuuurk ...
Het lijkt de wolf uit het verhaal van Roodkapje wel.

Bikkeltje roept: 'Papaaa!'
Papa Big komt kijken. 'Wat is er, Bikkeltje?'
'Ik hoor de wolf,' zegt Bikkeltje.
Papa Big en Bikkeltje luisteren samen, maar ze horen niets.
Papa Big gaat weer naar bed.
Even later hoort Bikkeltje de wolf weer. Snurk, snurk, snuuuuurk.
Bikkeltje glijdt zijn bed uit en loopt naar de slaapkamer van papa en mama Big. En wie ligt daar te snurken? Niet de wolf, maar ... papa Big!
'Gekke Bikkel,' zegt Bikkeltje tegen zichzelf. 'Er is helemaal geen wolf. Nu kan ik lekker slapen.'
Maar voor de zekerheid klimt hij toch maar in het bed bij papa en mama Big.

Onder de douche

Bikkeltje Big zit op een stoeltje in de tuin.
'Hoelahoei,' zegt Bikkeltje. 'Het is warm.'
Hij doet zijn petje af en gooit het in het gras.
'Wil je soms wat drinken?' vraagt papa Big.
Bikkeltje knikt.
Papa Big loopt het vakantiehuisje in en komt even later terug met een beker roze limonade vol ijsblokjes.
'Zo, een beker ijskoude limonade voor meneertje Bikkel.'
Bikkeltje neemt een slok. 'Hoelahoei, dit is lekker koud.'
Hij neemt nog een slokje van zijn limonade. De limonade is nog steeds koud, maar Bikkeltje heeft het alweer warm. Wat nu?
Bikkeltje trekt zijn truitje uit. En zijn hemd.
Ja, dat voelt lekker koel. Nu heeft hij het iets minder heet.
Maar Bikkeltje wil het heel graag nog kouder hebben. Misschien helpt wind maken.
Hij begint rondjes te rennen op het gras. Maar het helpt helemaal niet.
Bikkeltje krijgt het niet kouder, maar warmer.
'Wat doe je toch allemaal?' vraagt papa Big.
Bikkeltje is helemaal rood van het rennen. Hijgend zegt hij: 'Ik heb het zo warm. En kleertjes uitdoen helpt niet. En drinken helpt niet. En wind maken helpt niet. Mag ik daar in de vijver achter de tuin zwemmen?'
'Nee,' zegt papa Big. 'Jij mag niet in de vijver. Jij kunt nog niet zelf zwemmen. Dat weet je toch wel?'
'Maar ik heb het zo heet,' zegt Bikkeltje. 'Wat moet ik nou doen om het koud te krijgen?'
'Weet je wat jij moet doen?' zegt papa Big. 'Jij moet helemaal niets doen. Jij moet lekker onder de boom in het gras gaan liggen. Dan krijg je het heus minder warm.'
Bikkeltje doet wat papa Big zegt en gaat heel even in de schaduw van de grote boom op het gras liggen.

Achter de tuin, in de vijver, is iemand wild aan het spetteren.
Wie doet dat? Dat wil Bikkeltje graag weten.
Hij loopt een klein stukje naar de vijver toe.
Het is Hoi, de hond.
'Hoi, hoi!' roept Bikkeltje. 'Wat ben je aan het doen?'
'Hoi, Bikkel,' zegt Hoi, de hond. 'Ik ben aan het zwemmen, want ik heb het bloedjeheet. Kom je ook in de vijver? Dat is lekker koel, man.'
'Ik heb het ook heel warm,' zegt Bikkeltje. 'Maar ik mag niet in de vijver, want ik kan niet zwemmen.'
'Mmm,' zegt Hoi. 'Dat is jammer.' Hij denkt even na. 'Maar eh, mag je wel onder de douche?'
'Ja, natuurlijk,' zegt Bikkeltje. 'Ik ga elke dag onder de douche.'
'Oké,' zegt Hoi. 'Dan mag je vast ook onder mijn douche.' Hij klimt de vijver uit, loopt naar Bikkeltje toe en zegt: 'Daar komt mijn douche.'
Hoi begint zich lekker uit te schudden. De spetters water vliegen alle kanten op.
'Hiela hoela, Hoi!' roept Bikkeltje. 'Dit is koel, man!'

Ziek

Mama Big staat in de keuken van het vakantiehuisje en pakt een grote mand in. 'Mama, ik heb honger,' zegt Bikkeltje.
'Nou, dat komt mooi uit,' zegt mama Big, 'want we gaan zo meteen een eindje fietsen. En dan gaan we picknicken.'
'Hoelahoi,' roept Bikkeltje. 'Picknicken is leuk! En mag ik nu wat eten? Ik heb honger.'
'Nee,' zegt mama Big. 'We gaan picknicken, dus we nemen al het eten mee naar een leuk plekje. En daar gaan we dan eten.' Ze pakt een plastic bakje van tafel. 'Wil jij ook wat dragen? Het eten past niet allemaal in de mand.'

Natuurlijk wil Bikkeltje helpen. Vol trots draagt hij de plastic bak naar buiten.
Bikkeltje klimt achter op de fiets bij papa Big.
Even later komt mama Big naar buiten met de grote mand. Die bindt ze achter op haar eigen fiets.
En dan rijden ze weg.
Bikkeltje houdt het bakje stevig vast. Wat zit er eigenlijk in? Hij haalt de deksel van de doos. Oooh, er zitten aardbeien in. Een heleboel aardbeien. Bikkeltje Big heeft nog steeds heel erge honger. Zouden papa en mama het erg vinden als hij één aardbeitje opat? Of twee of drie? Nee toch?
Dus eet Bikkeltje Big één aardbeitje op. En dan eet hij er twee. En dan drie. En dan nog drie. En dan weer twee. En dan stopt hij. Want hij mag natuurlijk niet alle aardbeitjes opeten. Dat zouden papa en mama niet leuk vinden.
'Zo, dit is een leuk plekje om te picknicken,' zegt papa Big. Hij stapt van de fiets af en wil Bikkeltje van de fiets tillen. Maar dan schrikt papa Big. Bikkeltje heeft allemaal rode vlekken op zijn gezicht.
'Wat is er met jou aan de hand?' vraagt papa Big. 'Je bent ziek! We gaan terug naar het huisje. Bikkeltje is ziek!'

Zodra ze weer bij het vakantiehuisje zijn, tilt papa Bikkeltje uit het stoeltje en brengt hem snel naar binnen.
'Ik ben helemaal niet ziek,' zegt Bikkeltje.
'O nee?' zegt papa Big. 'En waarom heb je dan van die gekke rode vlekjes op je snoet?'
Hij neemt Bikkeltje mee naar de badkamer.
Bikkeltje mag op de kruk staan. En dan ziet hij zichzelf in de spiegel.
Hij heeft allemaal rode vlekken op zijn gezicht, omdat hij van de aardbeien gesnoept heeft!
'Dat is aardbei,' zegt Biggeltje. 'Ik ben niet ziek!'
Hij pakt een washandje en poetst de vlekjes weg.
'Hoelaflei, weg aardbei! ...'
Papa Big schudt lachend zijn hoofd. Bikkeltje was dus helemaal niet ziek. Bikkeltje was helemaal ... vies! Gekke Bikkel.

De gele parasol

Bikkeltje Big loopt met papa en mama Big op het strand, vlak bij de zee. Bikkeltje zoekt een grote plek uit. ‘Hier is veel zand. Mag ik mijn schep? Ik ga een hele grote berg maken.’
Papa Big draagt een gele parasol en een grote tas en twee scheppen.
‘Je mag zo meteen een berg maken,’ zegt hij. ‘Maar eerst gaan we een kuiltje graven, voor de parasol. Want die moet heel diep in het zand, anders waait hij weg. Help je mee met graven, Bikkeltje?’
Bikkeltje en papa Big maken een kuiltje.
Papa Big zet de stok van de parasol in het gat en maakt het kuiltje weer dicht. Bikkeltje stampt het zand stevig aan.
Papa Big zet de gele parasol op.
‘Bikkeltje, kom eens hier?’ zegt mama Big. ‘Ik moet je iets heel belangrijks vertellen. Jij gaat straks een mooie berg maken, vlak bij papa en mama. Je gaat natuurlijk niet ver weg. Maar als je nou toch een keertje per ongeluk papa en mama kwijtraakt, zoek dan de gele parasol. Dan weet je meteen waar we zijn. Snap je dat, Bikkeltje?’
Bikkeltje knikt. Ja, natuurlijk snapt hij dat. Zoek de gele parasol. Daar zijn papa en mama. Dat snapt hij best.

Mama Big begint broodjes te smeren en Bikkeltje begint te scheppen. Hij wil een mooie zandberg maken.
Hij gooit een klein hoopje zand op de plek waar de grote zandberg moet komen. Het zand stuift een beetje.
'Hè, bah!' roept mama Big. 'Hè bah, nu zit er allemaal zand op mijn broodje. Ga maar iets verderop zitten scheppen, Bikkeltje.'
Bikkeltje doet precies wat mama zegt. Hij staat op en gaat ietsje verder weg een berg maken.
Bikkeltje schept en schept en dan is de berg klaar.
Bikkeltje roept: 'Mama, kijk dan wat een grote berg ik heb gemaakt!'
Maar mama Big komt niet.
Bikkeltje kijkt om zich heen.
Waar zijn papa en mama eigenlijk? Ze zijn kwijt. Wat moest Bikkeltje ook alweer doen als hij papa en mama kwijt was? O ja, hij moest zoeken naar ... de gele parasol. Want bij de gele parasol zijn papa en mama.
Bikkeltje staat op. Ja, daar is een gele parasol.
Er zitten twee schapen onder.

Bikkeltje vraagt: 'Zijn jullie mijn papa en mama?'
'Nee-hee-hee,' zeggen de schapen. 'Wij zijn niet jouw papa en mama.'
'Maar dit is wel de gele parasol,' zegt Biggeltje. 'En bij de gele parasol zitten mijn papa en mama.'
'En tóch zijn wij niet jouw papa en mama,' zegt het ene schaap. 'Daar loopt jouw echte mama. Hoe-oi, mama Big. Hier is uw biggetje!'
Mama Big tilt Bikkeltje op en geeft hem een knuffel.
'Jullie waren kwijt,' zegt Bikkeltje. 'Dus ik ging de gele parasol zoeken. Goed hè?'
Gekke Bikkel.

Zere billen

Bikkeltje Big ligt met papa en mama Big op het strand, op een heel groot kleed.
Mama Big smeert Bikkeltje in met zonnebrandcrème.
'Is het klaar?' vraagt Bikkeltje. 'Ik ga schelpen zoeken.'
'Bijna,' zegt mama Big. 'Het is belangrijk dat ik je goed insmeer, want anders wordt je velletje te heet en dat doet heel erg zeer.'

Mama Big smeert overal crème op. Op Bikkeltjes oren, op zijn lijfje, op zijn pootjes en op zijn staartje. Maar niet op zijn billen, want daar zit zijn zwembroek.
'Het is klaar,' zegt mama Big. 'Waar ga je schelpjes zoeken?'
Bikkeltje wijst naar de zee. 'Daar.'
'Dat is veel te ver weg,' zegt mama Big. 'Weet je wat? Ik zal ervoor zorgen dat je precies weet tot hoe ver je mag gaan.'
Mama Big staat op en pakt een lang touw uit de strandtas. De ene kant van het touw maakt ze vast aan Bikkeltjes zwembroek. De andere kant knoopt ze aan de parasol.
'Dag Bikkeltje, veel plezier met schelpjes zoeken,' zegt mama Big. Ze gaat naast papa Big liggen en doet haar ogen dicht.
Bikkeltje pakt een emmertje en gaat schelpen zoeken. Hij ziet meteen al een grote met strepen. En daar, een stukje verder, ziet hij een lange dunne. Bikkeltje gooit de schelpen in zijn emmertje en speurt weer verder. O ja, daar ziet hij een mooie, half onder het zand.
Bikkeltje wil naar de schelp toe lopen, maar ineens kan hij niet verder. Hij zit vast.
Bikkeltje laat zich op het strand vallen en strekt zijn pootje uit naar de schelp. Hij kan er net niet bij.
Wat nu? Daar hoeft Bikkeltje niet lang over na te denken. Hij trekt zijn zwembroek uit, loopt in z'n blootje naar de schelp toe en gooit hem in

zijn emmertje. En hij vindt nog veel meer mooie schelpen.
'Waar is Bikkeltje?' vraagt papa Big.
Mama Big zegt: 'Hij is schelpen aan het zoeken. Maar hij kan niet ver weg zijn, want ik heb een touw aan zijn zwembroek vastgemaakt.'
Papa Big trekt aan het touw. 'Ik zie wel een zwembroek, maar geen Bikkeltje.'
'O, o,' zegt mama Big. 'Die gekke Bikkel. Die loopt in z'n blootje op het strand. Ga jij hem zoeken?'
Aan twee schapen vraagt papa Big: 'Hebben jullie een bloot biggetje gezien?'
Ze knikken. 'Ja, hij liep die kant op.'
Papa loopt verder en al gauw ziet hij Bikkeltje op het strand wandelen.
'Bikkeltje!' roept papa Big. 'Kom snel. Straks verdwaal je nog!'
Hij tilt Bikkeltje op en zet hem op zijn nek.
Bikkeltje begint te gillen: 'Au, au, mijn billetjes doen zeer!'
'Dan doe ik het anders,' zegt papa Big. Hij draagt Bikkeltje aan zijn achterpootjes, op z'n kop, naar mama Big.
Bikkeltje moet de hele weg lachen. Gekke papa.

De koelbox

Papa Big loopt over het strand met Bikkeltje Big. Maar Bikkeltje loopt niet zelf. Papa Big draagt hem, op z'n kop, aan z'n achterpootjes.
Mama Big ziet ze aankomen. 'Wat is dit nou weer voor biggetjesgymnastiek?' vraagt ze lachend.
Papa Big laat Bikkeltje voorzichtig op het grote kleed zakken.
Bikkeltje wil gaan zitten. 'Au, au,' roept hij. Hij rolt op zijn buik. 'Het doet heel erg zeer.'
Mama Big gaat naast Bikkeltje zitten. 'Waar heb je pijn, Bikkeltje?'
'Hier, bij mijn billetjes.'
'Dat heeft de zon gedaan,' zegt papa Big. 'Jij had een touw aan zijn zwembroek vastgemaakt, mama Big, zodat Bikkeltje niet te ver kon gaan. Maar Bikkeltje heeft het zwembroekje uitgetrokken. En je had zijn hele lijfje ingesmeerd met zonnebrandcrème, behalve zijn billetjes. En die billetjes zijn nu dus een beetje te heet geworden.'
'Gekke Bikkel,' zegt mama Big. 'Waarom heb je je zwembroek dan uitgetrokken?'
'Ik zag mooie schelpen,' zegt Bikkeltje.
'Ik snap het,' zegt mama Big. 'We zullen je billetjes weer lekker koud maken. Waar zullen we dat eens mee doen? Met water natuurlijk. Ik ga water uit de zee halen. Met ... een emmertje.'
Ze wil Bikkeltjes emmer pakken.
'Nee, niet doen, mama,' zegt Bikkeltje. 'Daar zitten mijn mooie schelpen in.'
'Mogen jouw schelpen dan op het kleed liggen? Dan kan ik je emmertje gebruiken,' zegt mama.

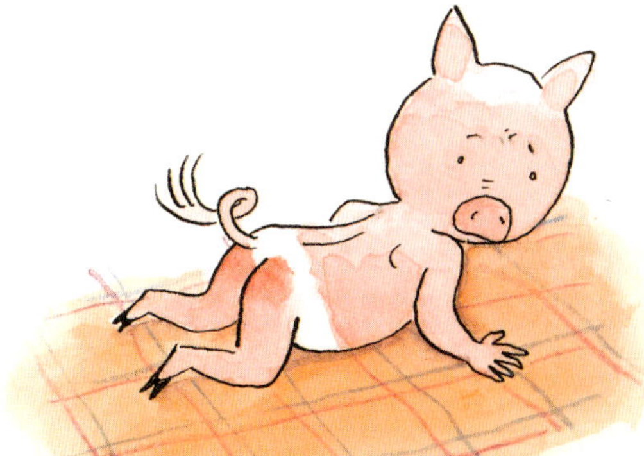

Dat vindt Bikkeltje goed.
Mama Big haalt zeewater en zet het emmertje naast het kleed.
'Kom maar in de emmer zitten met je billen.'
Bikkeltje krabbelt overeind, geeft papa en mama Big een pootje en laat zich voorzichtig op het emmertje zakken.
'Z'n billetjes passen niet in de emmer,' zegt papa Big.
Mama Big loopt naar de koelbox, rommelt er even in en haalt er een pakje appelsap uit. 'Ik houd dit pakje wel even tegen je billetjes aan.'
'Nee, lekker drinken,' roept Bikkeltje. 'Mag ik appelsap?'
Mama Big maakt het pakje open, steekt het rietje erin en geeft het aan Bikkeltje.
'Hoe maken we Bikkeltjes billen nou koud?' vraagt ze aan papa Big.
Papa Big kijkt naar de koelbox. 'Ik denk dat ik wat weet.'
Hij maakt de koelbox leeg en doet er koud water in, uit een fles. 'Zo, nu kan Bikkeltje erin.'
Bikkeltje klimt in de koelbox en laat z'n billetjes voorzichtig in het water zakken. 'Hoelahoei,' zegt hij. 'Dit voelt lekker!'

Zwemles

Bikkeltje Big gaat met papa en mama Big naar het zwembad.
'Gaan we vandaag in het diepe, papa?' vraagt Bikkeltje.
'Nee natuurlijk niet,' zegt papa Big. 'We gaan net als altijd in het ondiepe bad. Dat is speciaal voor kleine biggetjes zoals jij.'
Bikkeltje wijst met z'n pootje. 'Maar kijk dan, papa. Ik zie daar in het diepe een lammetje en een hondje. Waarom mag ik er dan niet in?'
'Jij kunt niet zwemmen,' zegt papa Big.
Papa en mama Big leggen handdoeken op het grasveld en beginnen zich uit te kleden.
'Wat is dat dan, zwemmen?' vraagt Bikkeltje.
Papa Big zegt: 'Dan moet je een heleboel dingen kunnen. Je moet met je pootjes kunnen bewegen ...'
'Nou, dat kan ik toch wel,' roept Bikkeltje. 'Kijk dan.' Hij begint wild met z'n pootjes te zwaaien.
'Heel goed,' gaat papa Big verder, 'maar je moet ook je adem in kunnen houden.'
'Dat kan ik ook heel goed,' zegt Bikkeltje. 'Kijk dan.' Hij neemt een hap lucht en houdt wel tien tellen zijn adem in. Dan wordt hij een beetje rood.
'Heel goed,' zegt papa Big. 'Ik zie wel hoe goed je dat kunt. Haal nu maar weer gewoon adem.'
'Zie je wel dat ik kan zwemmen?' zegt Bikkeltje. 'Mag ik nu in het diepe?'
'Je moet nog veel meer kunnen,' zegt papa Big. 'Je moet ook op je rug kunnen liggen.'
'Maar ik kan toch op mijn rug liggen. Kijk dan.' Hij gaat in het gras liggen. 'Kijk dan, papa, dit is heel gemakkelijk. Mag ik nu in het diepe?'
'Nee,' zegt papa Big, 'want je moet, en dat is eigenlijk het belangrijkste, kunnen drijven.'

'Wat is drijven?' vraagt Bikkeltje.
Papa Big staat op. 'Kom maar mee, Bikkeltje. Ik ga je leren zwemmen.'
Papa Big en Bikkeltje lopen samen naar de rand van het diepe zwembad.
'Blijf even staan, Bikkeltje,' zegt papa Big. 'Dan ga ik er eerst in.'
Papa Big laat zich in het zwembad zakken. 'Spring er maar in, Bikkeltje. Ik help je als het nodig is.'
Bikkeltje is blij. Hij mag eindelijk in het diepe, samen met papa Big.
'Hoelahoi!' roept Bikkeltje. Hij springt, plons, in het water, trappelt met z'n pootjes en hoep, hij is weer boven het water.
Papa Big pakt Bikkeltje vast. 'Nu ga ik je leren drijven,' zegt hij. 'Ik hou je vast. Je hoeft niets te doen.'
'Beweeg nu eens langzaam je pootjes,' zegt papa Big.
Bikkeltje trappelt een klein beetje.
Papa Big laat Bikkeltje los en Bikkeltje zwemt ... zelf!
'Mama, kijk dan, papa en ik zwemmen!' roept Bikkeltje.

Mama Big komt kijken. Ze begint te lachen. Het ziet er ook wel heel grappig uit. Papa Big zwemt onder water. En Bikkeltje staat op papa's rug. Gekke Bikkel.

Koprol

Bikkeltje Big zit met een bal te spelen op het grote grasveld bij het zwembad.
Papa Big slaapt en mama Big leest een boek.

Bikkeltje rolt de bal over het gras naar voren en naar achteren, naar links en naar rechts. Dan gaat hij languit op zijn rug liggen, houdt de bal boven z'n hoofd en gaat weer rechtop zitten.
Er komt een klein muisje naast hem zitten. 'Tjonge, jonge,' zegt de muis. 'Dat zijn mooie kunsten. Wil jij mijn vriendje zijn?'
'Ja, leuk,' zegt Bikkeltje. 'Hoe heet jij?'
'Ik heet Meuzel, en jij?'
'Ik heet Bikkeltje. Wat gaan we doen als we vriendjes zijn?'
Meuzel zegt meteen: 'Elkaar helpen. Want een vriendje is iemand die je helpt als je iets niet kunt. Kun jij bijvoorbeeld ... springen?'
Meuzel begint op en neer te springen.
Dat kan Bikkeltje ook. Ze springen samen wel vijf keer op en neer.
'Ja, dat kan ik. Je hoeft me niet te helpen,' zegt Bikkeltje. 'En kun jij dit?'
Bikkeltje schopt tegen de bal. De bal rolt een stukje over het gras.
Meuzel gaat bij de bal staan, doet z'n pootje naar achteren en geeft een enorm harde trap tegen de bal.
'Hoelahoei, wat een knaller!' roept Bikkeltje.
Maar de bal beweegt helemaal niet. Hij blijft heel stil liggen.
'Nee, dit kan ik dus niet,' zegt Meuzel. 'Die bal is veel te groot voor mij.'
'En jij bent mijn vriendje,' zegt Bikkeltje. 'Dus ga ik jou nu helpen. Klim maar op mijn schouders.'
Meuzel gaat op Bikkeltjes nek zitten en samen doen ze allerlei kunstjes met de bal.
'Hé Bikkel,' zegt Meuzel, 'kun jij koprollen?'
Bikkel gaat op het gras zitten. Meuzel glijdt van Bikkeltjes nek af op de grond.

Meuzel gaat rechtop staan met zijn pootjes naar voren, laat zich door z'n knieën zakken, kijkt naar z'n buik, zet z'n handen op de grond en ... maakt een mooie koprol.
'Natuurlijk kan ik dat ook,' zegt Bikkeltje. Hij doet z'n pootjes naar voren, zakt door z'n knieën, zet z'n handen op de grond en ... rolt niet, maar staat op z'n kop en valt dan, boem, op z'n rug, met z'n pootjes in de lucht.
'Ik kan het niet zo heel goed,' zegt Bikkeltje.
'Dan ga ik je helpen,' zegt Meuzel, 'want ik ben je vriendje.'
Bikkeltje gaat weer klaarstaan, met z'n pootjes naar voren. 'En nu?' vraagt hij.
'Blijf naar mij kijken,' zegt Meuzel. 'Ik ga onder je door lopen. Je hoeft alleen maar naar mij te blijven kijken, dan gaat het helemaal vanzelf.'
Hij loopt naar Bikkeltje toe en wandelt tussen zijn pootjes door.
En Bikkeltje? Die blijft heel goed naar Meuzel kijken en maakt een prachtige koprol.
'Hoelahoi, ik rol!' roept Bikkeltje.

Toveren

Papa Big loopt naar buiten met een emmer water.
'Wat ga je doen?' vraagt Bikkeltje.
'Ik ga de auto wassen,' zegt papa Big. 'Want morgen gaan we weer naar huis. Wil je me helpen?'
Ja, dat wil Bikkeltje wel.
Papa Big geeft Bikkeltje een spons. 'Als jij de onderkant doet, doe ik de bovenkant.'
Bikkeltje kan heel goed poetsen. En hij is ook snel, want terwijl papa Big nog aan de ene kant bezig is, sponst Bikkeltje de andere kant van de auto al schoon.
'O, wat wordt de auto weer mooi,' zegt papa Big. 'Hij is bijna klaar. Wat zal ik met het water doen? Dat gooi ik over de auto. Zo, hupsakee!'
'Hoelahoei!' gilt Bikkeltje. 'Wat was dat! Ik ben ... een beetje nat.'
Papa Big loopt snel om de auto heen. 'Een beetje nat?' zegt hij lachend. 'Je bent net zo nat als de auto. Maar het is niet zo erg, want het is warm weer en je hebt toch alleen maar je zwembroek aan.'
'Nee, het is niet zo erg,' zegt Bikkeltje. 'Het is eigenlijk wel heel erg leuk. Doe je het nog een keer?'
'Nou vooruit,' zegt papa Big. 'Nog één keer.'
Hij haalt een emmer schoon water.
Bikkeltje gaat tegen de voorkant van de auto staan.
Papa Big zegt: 'Hupsakee,' en het water plenst over Bikkeltje en de auto.
En Bikkeltje roept: 'Hoelahoei!'

Papa Big droogt met een grote doek Bikkeltje en de auto af. 'En nu hebben we een beloning verdiend,' zegt hij. 'We gaan ons aankleden en dan krijg je een ijsje, want je hebt me zo goed geholpen.'

De ijswinkel verkoopt allerlei kleuren ijs.
'Welke kleur wil je, Bikkeltje?' vraagt papa Big. 'Jij mag kiezen. Wat is je lievelingskleur?'
Er staan bakken met wit ijs, geel ijs, rood ijs, groen ijs, blauw ijs, paars ijs, oranje ijs, lichtbruin ijs, donkerbruin ijs, wit met bruin ijs.
Bikkeltje zegt meteen: 'Ik wil roze ijs.'
Papa kijkt in de bakken. 'Ze hebben geen roze ijs.'
'O,' zegt Bikkeltje teleurgesteld.
'Maar dat is niet erg,' zegt papa Big vrolijk. 'Want jij kunt zelf roze ijs toveren.'
'Roze ijs toveren?' zegt Bikkeltje. 'Hoe moet dat dan?'
Papa Big bestelt voor Bikkeltje een bekertje met een bolletje rood ijs en een bolletje wit ijs. De ijsverkoper doet er een dekseltje op.

Papa Big betaalt het ijsje en geeft het bekertje aan Bikkeltje.
'En nu?' vraagt Bikkeltje. 'Hoe wordt het nou roze ijs?'
'Dat gaat vanzelf,' zegt papa Big.
Ze lopen samen terug naar het vakantiehuisje.
'Schud af en toe maar een beetje met je beker,' zegt papa Big. 'Dan gaat het toveren nog beter.'
Bij het huisje mag Bikkeltje zijn beker openmaken.
'Nou?' vraagt papa Big. 'Welke kleur ijs heb je nu getoverd, Bikkeltje?'
Bikkeltje kijkt in de beker.
'Roze ijs,' zegt Bikkeltje trots. Knappe papa!